COLLECTION
D'ANTIQUITÉS ÉGYPTIENNES
DE
TIGRANE PACHA D'ABRO

CATALOGUE RÉDIGÉ

PAR

DANINOS PACHA

PARIS
ERNEST LEROUX, ÉDITEUR
28, RUE BONAPARTE, 28

1911

COLLECTION
D'ANTIQUITÉS ÉGYPTIENNES

DE

TIGRANE PACHA D'ABRO

CATALOGUE RÉDIGÉ

PAR

DANINOS PACHA

PARIS
ERNEST LEROUX, ÉDITEUR
28, RUE BONAPARTE, 28

1911

COLLECTION
D'ANTIQUITÉS ÉGYPTIENNES

DE

TIGRANE PACHA D'ABRO

CATALOGUE RÉDIGÉ

PAR

DANINOS PACHA

PARIS
ERNEST LEROUX, ÉDITEUR
28, RUE BONAPARTE, 28
1911

COLLECTION DE TIGRANE PACHA

BRONZES

1. **Horus** à corps humain et à tête d'épervier coiffée du pschent rayé.
   Le dieu est représenté, un genou à terre, dans une attitude hiératique, ayant le bras droit à moitié levé et le bras gauche ramené contre la poitrine. Les quatre doigts de la main droite sont repliés et le pouce levé.
   Bronze très rare, trouvé à Sakkarah. Haut., 0,24.

2. **Osiris** debout, coiffé de la couronne de la Haute Égypte, ornée des deux plumes d'autruche, et tenant appuyés contre la poitrine le crochet et le fouet symboliques.
   Bronze très fin, trouvé à Sakkarah. Haut., 0,46.

3. **Chat** remarquable par sa dimension et la perfection de son modelé.
   Trouvé à Sakkarah. Haut., 0,28.

4. **Horus** enfant portant sur la tête les attributs du dieu Khons de la triade de Thèbes.
   La coiffure du dieu est ornée, au-dessus du front, de l'uræus, symbole de la royauté. La statuette représente un prince royal assimilé au troisième personnage de la triade.
   Les dimensions de tout le corps et le modelé des formes sont bien observés et indiquent une bonne époque de l'Art Thébain.
   Trouvé à Thèbes. Haut., 0,35.

5. **Hathor** assise et portant sur la tête ses attributs distinctifs : le disque solaire entre deux cornes de vache posées sur une couronne formée d'uræus.

La coiffure qui encadre sa figure est composée de la tête et des ailes du vautour, symbole de maternité.

La déesse tenait sur ses genoux le dieu Horus enfant; et ses pieds reposent sur un socle portant une inscription.

Trouvée à Sakkarah. Haut., 0,30.

6. **Nofré-Toum** debout, dans l'attitude de la marche, vêtu de la schenti et tenant dans la main droite, appuyée contre la poitrine le *Khopesch*, symbole du pouvoir magique.

Le dieu est coiffé du claft orné de l'urœus, symbole de royauté et porte sur la tête ses attributs distinctifs : la fleur de lotus avec les deux plumes.

Les divisions extérieures de la fleur de lotus portent encore les traces d'émail dont elles étaient remplies.

Sur le socle, une inscription hiéroglyphique, donne le nom et les titre du dieu, ainsi que le nom du père et celui du fils qui a consacré l'offrande.

Très beau bronze. Haut., 0,35.

7. **Horus** debout, coiffé de la calotte ornée de l'urœus et de la mèche de cheveux, emblème de l'enfance.

Le dieu est représenté nu et porte l'index de la main droite à la bouche.

Le modelé de tout le corps est très finement exécuté.

Bronze. Haut., 0,19.

8. **Isis** assise sur son trône et tenant sur ses genoux Horus enfant, auquel elle présente le sein.

La déesse est coiffée du claft à vautour surmonté de la couronne d'urœus, du disque et des cornes.

Horus porte la mèche et le serre-tête orné de l'urœus.

Basalte finement sculpté. Haut., 0,27.

9. **Neït** debout, coiffée de la couronne rouge de la Basse-Égypte.

Elle est vêtue de la robe collante et tenait un sceptre qui a disparu.

Bronze. Haut., 0,19.

10. **Imhotep** assis et tenant sur ses genoux un papyrus déroulé.

Le dieu a la tête rasée et porte au cou un large collier gravé sur le bronze.

Le corps admirablement modelé n'est revêtu que de la schenti autour de la taille.

Bronze. Haut., 0,17.

11. **Osiris** mumiforme, debout, les bras croisés sur la poitrine et tenant dans ses mains le pedum et le flagellum.

Le dieu bienfaisant est coiffé de la mitre blanche ornée de l'uræus et flanquée des deux plumes d'autruche, emblèmes de Justice et de Vérité.

Autour du cou et sur sa poitrine s'étale un large collier gravé en creux.

Tout le corps de la statuette est décoré de fines ciselures représentant le dieu du jour et la déesse du ciel, enveloppant de ses ailes le dieu des morts, en signe de protection.

Le socle en bronze sur lequel la statuette est debout porte une inscription hiéroglyphique.

12. **Ptah** debout coiffé d'une calotte dorée et tenant de ses deux mains appuyées contre sa poitrine les emblèmes de la vie éternelle et de la stabilité.

Le cou et la poitrine du dieu modeleur de Memphis, sont ornés d'un collier à six rangs, gravé sur le bronze.

Le socle en bronze sur lequel est posée la statuette, contient sur le devant deux personnages agenouillés présentant des offrandes.

Sur les côtés du socle, des inscriptions hiéroglyphiques répétées plusieurs fois, ainsi que des symboles de vie éternelle et de pureté, sur le signe Seigneur.

Deux petits personnages agenouillés, en bronze, sont en adoration devant le dieu, et représentent ceux qui ont fait l'offrande de la statuette.

Bronze. Haut., 0,24.

14. **Chat** accroupi.

Modelé parfait du chat égyptien.

Bronze. Haut., 0,15.

16. **Anubis** debout dans l'attitude de la marche.

Bronze. Haut., 0,16.

17. **Petit trône** votif supporté par deux lions posés sur un socle en bronze.

Le personnage, probablement un roi qui était assis sur le trône, a disparu.

Le socle en bronze est posé sur un autre socle en pierre, dont les quatre côtés sont couverts d'une inscription hiéroglyphique donnant le nom de celui qui a fait l'offrande, ainsi que ceux de ses parents, avec les vœux habituels.

Bronze. Haut., 0,11.

18. **Imhotep** assis et tenant sur ses genoux un papyrus déroulé.
Le socle sur lequel ses pieds reposent, porte une inscription hiéroglyphique donnant le nom du propriétaire qui a fait l'offrande de la statuette.
Bronze. Haut., 0,11.

19. **Nephtys** debout vêtue de la robe collante et portant les attributs sur la tête.
Bronze. Haut., 0,15.

19 *bis*. **Déesse Pacht** debout, vêtue de la robe collante et portant le sistre de la main droite et un petit panier passé au bras gauche.
Bronze. 0,04.

20. **Ptah** debout, coiffé de la calotte et portant appuyé contre sa poitrine, le sceptre de la pureté.
Le cou et la poitrine sont ornés d'un collier gravé en creux, dans le bronze.
Bronze. Haut., 0,12.

21. **Cynocéphale** accroupi; les mains sur les genoux.
Bronze. Haut., 0,04.

22. **Épervier** coiffé de la double couronne royale de la Haute et Basse-Égypte.
L'oiseau sacré du dieu Horus est posé sur un long socle en bronze.
Bronze. Haut., 0,13.

23. **Naos,** petite chapelle votive surmontée d'un épervier portant sur la tête la double couronne royale.
Devant l'épervier une rangée d'uræus coiffés du disque solaire.
Bronze. Haut., 0,17.

25. **Hathor** debout, vêtue de la robe collante et portant sur sa tête le sistre.
Bronze. Haut., 0,20.

26. **Petit bœuf Apis** en marche et portant sur la tête, entre ses cornes, le disque solaire orné de l'uræus.
Bronze. Haut., 0,08.

27. **Shou,** dieu Solaire debout, vêtu de la shenti et coiffé de ses attributs.
Bronze. Haut., 0,15.

28. **Epervier**, sur un grand socle en bronze.
L'oiseau sacré du dieu Horus porte sur sa tête la double couronne royale de la Haute et Basse-Égypte.
Bronze. Haut., 0,18.

29. **Déesse Sekhet** assise. Elle porte sur la tête le disque solaire et l'uræus.
Elle tenait un sceptre qui a disparu.
Bronze. Haut., 0,20.

30. **Déesse Hathor** assise sur son trône et présentant le sein au dieu Horus, qui a disparu.
Elle est coiffée du claft et porte ses attributs sur la tête.
Bronze. Haut., 0,15.

32. **Ptah** debout, coiffé de la calotte et portant appuyé contre sa poitrine le sceptre de la pureté.
Bronze. Haut., 0,08.

33. **Horus** à tête d'épervier, debout et tenant un vase à libation.
Bronze. Haut., 0,10.

35. **Ibis**, oiseau sacré du dieu Thot, sur un double socle en bronze.
Le socle inférieur était creux et contenait la momie de l'oiseau.
Bronze. Haut., 0,03.

36. **Roi** agenouillé, faisant une offrande qui a disparu.
Bronze. Haut., 0,11.

37. **Dieu shou** assis, tenant le fouet et le crochet et portant sur sa tête le disque solaire posé entre deux cornes et orné de l'uræus.
Bronze. Haut., 0,15.

38. **Petit roi** agenouillé et tenant devant lui un vase en forme de cartouche.
Il est coiffé du casque guerrier orné de l'uræus.
Bronze. Haut., 0,06.

39. **Osiris** debout, coiffé de la couronne blanche ornée de l'uræus et tenant dans les mains le fouet et le crochet, emblème de sa puissance excitative et modérative.
Bronze. Haut., 0,19.

40. **Sistre votif** décoré de la tête de la déesse Hathor, dont il était l'emblème, et d'un petit chat accroupi posé sur la tête de la déesse.
    Bronze. Haut., 0,23.

42. **Partie supérieure** d'une enseigne royale, à fleur de lotus, surmontée d'une tête de personnage coiffé de la double couronne royale et flanquée de deux uræus.
    La tige de l'enseigne porte des traces d'inscription hiéroglyphique.
    Bronze. Haut., 0,20.

43. **Petit vase** lustral décoré de figures en relief presque effacées et possédant encore son anse.
    Bronze. Haut., 0,10.

44. **Petit vase** lustral uni et ayant perdu son anse.
    Bronze. Haut., 0,09.

47. **Petit chacal** couché sur un socle en bronze, portant des traces d'inscription hiéroglyphique.
    Bronze. Long., 0,09.

49. **Petit brûle-parfum** supporté par quatre pattes de lion.
    Bronze. Haut., 0,09.

51. **Plaque** en plomb de l'époque chrétienne byzantine représentant deux personnages debout tenant une croix.
    De chaque côté des personnages deux petits autels.
    Une inscription grecque de deux lignes donne le nom des deux personnages.
    Plomb. Haut., 0,10.

52. **Egide votive** représentant la tête de la déesse Sekhet surmontée du disque solaire orné de l'uræus.
    Bronze. Haut., 0,11.

53. **Plaque votive** en bronze représentant trois symboles : Stabilité, Perfection et Sérénité.

54. **Double couronne royale**, provenant probablement d'une statuette de divinité ou de roi.
    Bronze. Haut., 0,07.

57. **Coiffure de reine** en forme de claft, surmontée d'une couronne d'urœus.

Toute la coiffure est décorée d'une gravure à la pointe, représentant le vautour, oiseau sacré de la déesse Maut, enveloppant de ses ailes, en signe de protection, la tête de la reine.

Bronze. Haut., 0,15.

59. **Lame de sabre.**

Bronze. Long., 0,57.

60. **Poisson** tenu par un anneau et ayant dû servir comme récipient pour contenir de l'huile ou des parfums.

Bronze. Long., 0,15.

61. **Coupe** en forme de rosace travaillée au repoussé.

Bronze. Diam., 0,10.

62. **Couteau de sacrifice** à manche en forme de pied de bœuf.

Bronze. Haut., 0,25.

63. **Hoyau votif**

Bronze. Long., 0,10.

69. **Bas-relief** représentant le roi Ramsès II, debout entre le dieu Shou et la déesse Sekhet qui le tiennent par les mains.

Le roi, vêtu de la shenti qui lui ceint les reins et tombe sur les genoux, porte sur la tête le disque solaire au milieu duquel est représenté le Scarabée ailé.

Son cou est orné d'un large collier, gravé sur la pierre, qui lui couvre la poitrine.

Ses bras et ses poignets sont ornés de bracelets, comme les deux divinités qui l'accompagnent.

Entre les figures et les jambes, on lit ses cartouches, noms et prénoms royaux.

Le derrière du bas-relief est gravé de six colonnes d'hiéroglyphes, donnant tous les titres religieux et civils du roi.

Granit. Haut., 0,95 ; larg., 0,65.

PIERRE, BASALTE, CALCAIRE, VERRE, ETC.

71. **Vase.** Ancien Empire.
    Calcaire veiné. Haut., 0,18.

72. **Vase.** Ancien Empire.
    Calcaire veiné. Haut., 0,16.

73-74. **Vases** canopes à tête humaine très finement sculptés.
    Sur le pourtour de la panse du vase est gravée une ligne d'inscription hiéroglyphique qui donne le nom et le titre du propriétaire.
    Il s'appelait Senefrou et était scribe.
    Au-dessous de l'inscription sont représentés en gravure des arbres perséas.
    Calcaire blanc. Haut., 0,10.

75. **Stèle** au nom du roi Schabaka de la XXIe dynastie.
    Calcaire blanc. Haut., 0,35.

76. **Vase**, forme amphore. Ancien Empire.
    Calcaire veiné. Haut., 0,10.

77. **Vase.** Ancien Empire.
    Marbre. Haut., 0,11.

78. **Vase.** Ancien Empire.
    Granit. Haut., 0,10.

79. **Stèle** funéraire représentant un prêtre agenouillé en adoration et tenant de sa main gauche un brûle-parfum. Il est vêtu de la schenti, a la tête rasée et porte au cou un large collier.
    Devant lui est un enfant debout adressant un discours aux mânes du défunt. Derrière le prêtre agenouillé est représentée la fille du défunt tenant de la main gauche des fleurs de lotus.
    Dix lignes verticales d'une inscription hiéroglyphique donnent le nom du défunt et les vœux formulés pour la vie éternelle.
    Calcaire blanc. Haut., 0,26.

80. **Vase** ancien Empire.
    Basalte vert. Haut., 0,10.

81. **Vase** ancien Empire.
    Granit jaune. Haut., 0,12.

82. **Vase** ancien Empire.
    Granit noir et gris. Haut., 0,13.

83. **Vase** ancien Empire.
    Granit noir et blanc. Haut., 0,13.

83 bis. **Vase.** Porcelaine bleue XVIIIe dynastie.
    Trouvé à Deïr-el-Bahari.

84. **Petit vase.**
    Calcaire veiné. Haut., 0,09.

85. **Vase.**
    Albâtre. Haut., 0,11.

86. **Vase.**
    Albâtre. Haut., 0,10.

87. **Vase.**
    Albâtre. Haut., 0,07.

88. **Vase.**
    Albâtre. Haut., 0,07.

89. **Vase.**
    Albâtre. Haut., 0,06.

90. **Vase.**
    Albâtre. Haut., 0,20.

91. **Vase.**
    Albâtre. Haut., 0,12.

92. **Vase.**
    Albâtre. Haut., 0,09.

93 à 104. **Collection de vases** de diverses matières et de différentes dimensions.

105. **Tête**, modèle de sculpteur.
Calcaire. Haut., 0,10.

106. **Tête**, modèle de sculpteur.
Calcaire. Haut., 0,13.

107. **Moule**, représentant un vanneau.
Calcaire. Haut., 0,13.

108. **Moule**, représentant un vanneau.
Calcaire. Haut., 0,12.

109. **Moule**, représentant une oie.
Calcaire. Haut., 0,10.

110. **Fragment** de figure d'applique. Les creux sont remplis de pâte émaillée.
Calcaire. Haut., 0,15.

111. **Fragment** de figure d'applique. Les creux sont remplis de pâte émaillée.
Calcaire. Haut., 0,09.

112. **Fragment** portant le cartouche de Ramsès II.
Calcaire. Haut., 0,11.

113. **Fragment** représentant le phénix.
Calcaire. Haut., 0,08.

114. **Petit bas-relief** en creux représentant un homme debout.
Calcaire. Haut., 0,11.

115. **Cynocéphale** accroupi.
Calcaire. Haut., 0,10.

116. **Fragment** de coudée.
Pierre. Long., 0,10.

117. **Petit bas-relief** représentant le dieu Horus, enfant sur des crocodiles.
Calcaire. Haut., 0,05.

118. **Statuette** représentant un personnage debout.
Pierre noire. Haut., 0,25.

119. **Gros scarabée** brisé aux deux tiers, portant une inscription hiéroglyphique relatant le mariage d'Aménophis III et de la reine Taïa.
Calcaire. Long., 0,08.

120. **Statuette** funéraire au nom de Psammétique.
Terre émaillée bleue. Haut., 0,26.

121. **Statuette** funéraire au nom de Psammétique.
Terre émaillée verte. Haut., 0,20.

122, 123 et 124. **Trois statuettes** funéraires au nom de l'amiral Hik Amsef.
Porcelaine bleue. Haut., 0,13, 0,19 et 0,18.

125. **Statuette** funéraire au nom de l'amiral Djan Hibou.
Porcelaine bleue. Haut., 0,18.

126 et 127. **Deux statuettes** funéraires au nom de Pek-Pek.
Porcelaine bleue. Haut., 0,15.

128. **Quatre statuettes** funéraires.
Porcelaine bleue. Haut., 0,14, 0,15 et 0,16.

129. **Neuf statuettes** funéraires.
Porcelaine bleue et verte. Haut., 0,08, 0,09 et 0,10.

130. **Statuette** funéraire royale de la XVIIIe dynastie.
Porcelaine verte. Haut., 0,22.

131 et 132. **Deux statuettes** funéraires au nom de la reine Hontaoui, XVIIIe dynastie.
Porcelaine bleue. Haut., 0,10.

133. **Quatre statuettes** funéraires.
Porcelaine bleue. Haut., 0,10, 0,11 et 0,12.

137. **Statuette** funéraire.
Porcelaine bleue. Haut., 0,10.

138. **Statuette** funéraire.
Porcelaine verte. Haut., 1,19.

139. **Petit vase** avec inscription hiéroglyphique.
Porcelaine bleue (Deïr-el-Bahari). Haut., 0,06.

140. **Colonnette** au nom du roi Amasis (XXVI⁰ dynastie).
Porcelaine bleue. Haut., 0,10.

141. **Épervier.**
Porcelaine verte. Haut., 0,06.

142. **Double tête** de la déesse Hathor, faisant partie d'un sistre.
Porcelaine verte. Haut., 0,09.

143. **Gros scarabée** avec figures et inscription hiéroglyphique.
Pierre. Haut., 0,10.

144. **Statuette** du dieu Thot.
Porcelaine bleue. Haut., 0,10.

145. **Statuette** de la déesse Sekhet.
Porcelaine verte. Haut., 0,11.

146. **Statuette** du dieu Nofré-Toum.
Porcelaine verte (brisée). Haut., 0,11.

147. **Vase** en forme de fleur lotus.
Porcelaine. Haut., 0,12.

148. **Vase** avec dessin de fleurs.
Porcelaine bleue. Haut., 0,14.

149. **Vase** plat avec représentation d'animaux en relief.
Porcelaine bleue. Diam., 0,08.

150. **Trois petits vases.**
Porcelaine verte.

151. **Petit vase** en forme de gourde.

152. **Fragment** de porcelaine bleue avec les cartouches d'Aménophis IV.
Diam., 0,06.

153. **Trois grands yeux** symboliques.

154. **Trois symboles** de stabilité.

155. **Trois fragments** dont deux portent des cartouches royaux.

156. **Pectoral** en forme de Naos.
    Porcelaine verte. Haut., 0,07.

157 à 159. **Quatre colonnettes** dont trois en porcelaine et une en feldspath.

160 à 164. **Cinq statuettes** funéraires.
    Porcelaine bleue et verte. Différentes dimensions.

165 et 166. **Deux cartouches** du roi Psousennès, XXe dynastie.
    Porcelaine verte. Haut., 0,15.

167 à 216. **Panthéon** égyptien composé de cinquante et une statuettes.
    Porcelaine de diverses couleurs et de différentes dimensions.

217. **Bague** avec double cartouches royaux.
    Porcelaine bleue.

218 à 311. **Collection** de quatre-vingt-quatorze scarabées de diverses matières et de différentes couleurs; cinquante-neuf de ces scarabées portent des cartouches de rois de plusieurs dynasties.

312 à 417. **Collection** d'amulettes comprenant cent cinq pièces de diverses matières et couleurs.

418. **Vase**, forme amphore de la XVIIIe dynastie.
    Pâte de verre bleu et jaune. Haut., 0,11.

419. **Vase**, forme arrondie.
    Pâte de verre bleu foncé, jaune et vert. Haut., 0,07.

420. **Petit vase** à goulot cerclé d'or.
    Pâte de verre bleu, blanc et jaune. Haut., 0,04.

421. **Petit vase**, forme allongée.
    Pâte de verre, blanc et noir. Haut., 0,13.

422 à 425. **Quatre petits vases** de différentes formes, en verre ordinaire.
    Haut., 0,10.

426. **Vase** canope, sans couvercle, avec inscription hiéroglyphique.
    Terre cuite. Haut., 0,19.

427. **Gourde** avec inscription hiéroglyphique sur la panse.
    Haut., 0,18.

428 à 430. **Trois vases** (ancien empire).
Terre cuite vernissée et bordée de noir. Haut., 0,22 et 0,13.

431 à 438. **Huit vases** de différentes formes.
Terre cuite. Haut. 0,10 et 0,10.

439. **Vase** contenant du blé de momie, bouché avec un morceau de parchemin.
Terre cuite. Haut., 0,16.

440. **Cône brisé** avec inscription hiéroglyphique.
Terre cuite. Haut., 0,10.

441 à 443. **Deux lampes** et un antéfixe.

444. **Petit vase** avec figures en relief.
Terre cuite.

445. **Deux vases étrusques** avec figures peintes.
Terre cuite. Haut., 0,10, 0,12.

BOIS

447 à 448. Deux queues d'arondes, dont une porte le nom de Séti Ier. XIXe dynastie.
  Bois. Long., 0,35.

449. Epervier à tête humaine (symbole de l'âme).
  Bois. Haut., 0,11.

450. Stèle peinte représentant un personnage vêtu de blanc en adoration devant le dieu Horus à corps humain et à tête d'épervier.
  Au milieu une table d'offrandes et cinq lignes d'inscription hiéroglyphique donnant le nom du personnage qui était fils du prophète du temple d'Ammon.
  Bois. Haut., 0,24.

451. Statuette représentant un personnage debout, vêtu de la schenti et tenant de la main droite, la croix ansée, symbole de la vie éternelle.
  Sur le socle, le cartouche royal d'Aménophis III.
  Bois. Haut., 0,28.

452. Double petite boite pour fard et collyre, avec les cartouches de la reine Taïa, (XVIIIe dynastie) et des ornements au trait.
  Bois. Haut., 0,04.

453. Roseau, étui pour collyre, avec inscription hiéroglyphique donnant le nom de collyre, et 3 baguettes pour appliquer le remède.
  Bois. Haut., 0,14.

453 bis. Naos, en bois peint, représentant un personnage mumiforme debout. Derrière lui le dieu Anubis. Au-dessus, le disque solaire, et tout autour des dessins. Sur le haut du Naos, l'épervier au repos et portant sur la tête le disque solaire orné des deux plumes.
  Bois. Haut., 0,66.

453 ter. Statuette mumiforme, enveloppée de bandelettes peintes et d'une ligne d'inscription hiérophyque donnant le nom du personnage.
  Sur la tête le disque solaire orné de deux plumes.
  Bois. Haut., 0,32.

OR ET ARGENT

454. **Tête** de bélier ornée de l'uræus.
   Or massif très finement ciselé, long., 0,04.

455. **Bracelet** à ressort.
   Or. Diam., 0,06.

456. **Petit bracelet** à ressort, en torsade.
   Or. Diam., 0,04.

457. **Boucle d'oreille** en forme de panier à jouer. Or.

458. **Boucle d'oreille** à tête de lion, avec trois petites perles : une blanche et deux en émeraude. Or.

459. **Paire de boucles** d'oreilles, en forme d'anneau. Or.

460. **Bague**, avec le nom de Ra-Nofer, en hiéroglyphes. Or.

461. **Bague en or**, avec trois symboles gravés sur le chaton. Or.

462. **Œil** symbolique. Or.

463. **Boucle d'oreille** représentant la tête de la déesse Hathor. Or.

464. **Boucle d'oreille** en forme de poire et avec signes hiéroglyphiques, au repoussé. Or.

465. **Petit chapelet** de grains d'or. Or.

466. **Deux petites feuilles**, avec figures au repoussé. Or.

467. **Petit lion** couché.
   Argent.

468. **Fermoir** avec tête de bouquetin.
   Argent doré.

PIÈCES DIVERSES

469. **Sphinx** en cornaline.

470. **Petit lion** couché.
    Cornaline.

471 à 477. **Sept scarabées** en obsidienne, agathe, cornaline, améthyste et basalte vert.

478. **Bague** avec double cartouche royal.
    Porcelaine bleue.

479. **Amulette** avec le cartouche de Ramsès II.
    Porcelaine.

480. **Morceau de verre** avec le cartouche de Touthmès III.
    Verre.

481. **Tête** d'épervier.
    Porcelaine.

482. **Figurine** du dieu Bès.
    Verre.

483. **Tête** d'homme.
    Porphyre. Haut., 0,08.

484. **Tête** d'homme.
    Basalte vert. Haut., 0,12.

485. **Petit bas-relief** représentant le dieu Horus, marchant sur des crocodiles.
    Pierre saponaire.

486. **Tête** de la déesse Selk.
    Basalte. Haut., 0,10.

487. **Tête** de bélier.
    Pierre saponaire. Haut., 0,08.

488. **Médaillon** frappé à la mémoire de Mehemet Aly.
    Or. Diam., 0,04.

489. **Vase** arabe du xiii° siècle, orné d'inscription, de fleurs et de poissons.
Verre émaillé extrêmement rare. Haut., 0,31.

490. **Vase** hispano-mauresque, pareil à celui de l'Alhambra de Grenade.
Faïence avec couleurs à reflets métallique. Haut., 0,75.

491. **Grande bande** de carreaux, avec inscription arabe tirée du Coran, et ornements.
Faïence émaillée. Longueur, 1,90; largeur, 0,65.

493. **Plat** de Rhodes.
Faïence émaillée; diam., 0,30.

494. **Collection** de carreaux en faïence, composée de vingt-trois cadres, dont neuf contenant chacun plusieurs carreaux, trois cadres double et onze simples, et deux plats arabes.
Grands carreaux : largeur, 0,73; largeur, 0,45; haut., 0,70; haut., 0,56; haut., 0,73; largeur, 0,53; largeur, 0,65; haut., 0,53.

515 et 516. **Deux vases**, arabe et persan.
Porcelaine. Haut., 20,54.

517 et 518. **Deux bassins** arabes avec inscriptions.
Cuivre. Diam., 0,41.

519. **Plat** arabe avec inscription.
Cuivre. Diam., 0,50.

520. **Contre-poids** de lampe Persane.
Faïence, 0,15.

521. Trois emblèmes réunis, représentant la Stabilité, la Bonté et la Sérénité.
Bronze. Haut., 0,15.

522. **Petit Osiris**.
Bronze. Haut., 0,06.

523. **Petite triade** de Memphis composée des déesses Isis et Nephtys et du dieu Horus enfant.
Bronze. Haut., 0,03.

524. **Petite lance** votive.
Bronze. Haut., 0,05.

www.ingramcontent.com/pod-product-compliance
Lightning Source LLC
Chambersburg PA
CBHW070532050426

42451CB00013B/2979